AF222075

Impressum
Verlag: BABADADA GmbH, Nedderfeld 112 , 22529 Hamburg
Geschäftsführer / Verlagsleitung: Harald Hof
Druck: Books on Demand GmbH, In de Tarpen 42, 22848 Norderstedt

Imprint
Publisher: BABADADA GmbH, Nedderfeld 112 , 22529 Hamburg, Germany
Managing Director / Publishing direction: Harald Hof
Print: Books on Demand GmbH, In de Tarpen 42, 22848 Norderstedt, Germany

școală

学校

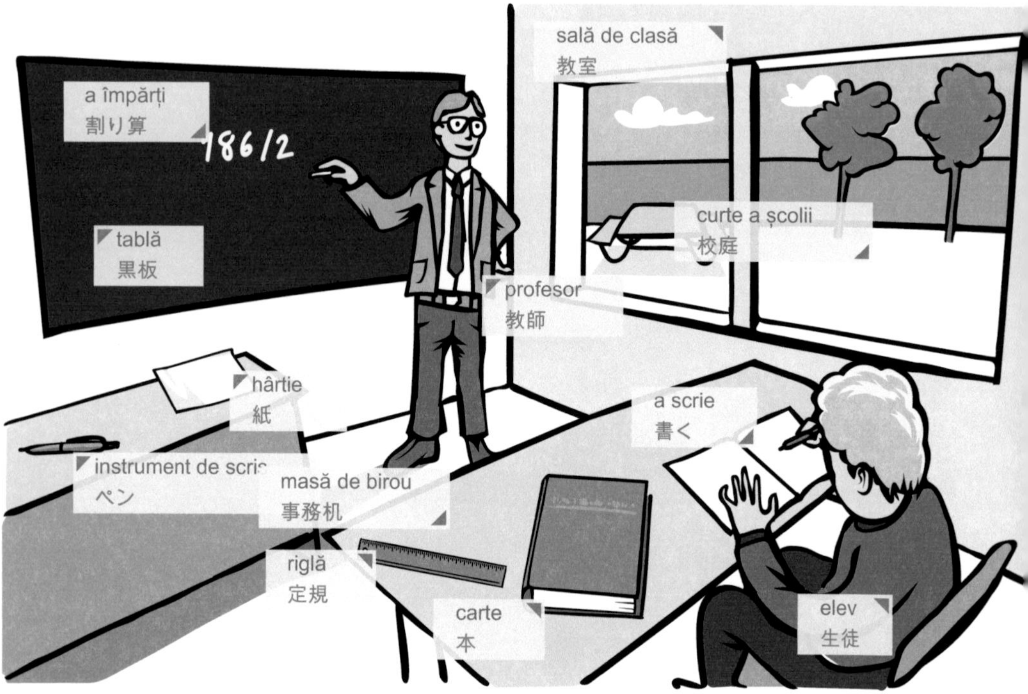
sală de clasă
教室
a împărți
割り算
186/2
tablă
黒板
curte a școlii
校庭
profesor
教師
hârtie
紙
a scrie
書く
instrument de scri
ペン
masă de birou
事務机
riglă
定規
carte
本
elev
生徒

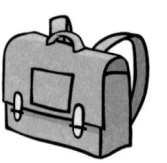

ghiozdan

ランドセル

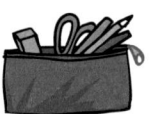

penar

筆入れ

creion

鉛筆

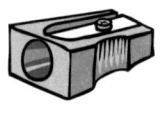

ascuțitoare

鉛筆削り

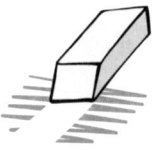

radieră

消しゴム

bloc de desen

スケッチブック

desen

スケッチ

pensulă

絵筆

cutie de acuarele

絵の具箱

foarfece

はさみ

lipici

接着剤

caiet de exerciții

練習帳

temă

宿題

12

număr

数

2+2

a aduna

足し算

5-2

a scădea

引き算

2×2

a multiplica

かけ算

a calcula

計算する

A

literă

文字

ABCDEFG
HIJKLMN
OPQRSTU
VWXYZ

alfabet

アルファベット

cuvânt

単語

text

テキスト

a citi

読む

cretă

チョーク

oră

授業

catalog

学級日誌

examen

試験

certificat

通知表

uniformă școlară

制服

educație

教育

enciclopedie

百科事典

universitate

大学

microscop

顕微鏡

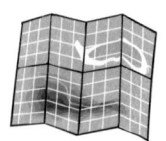

hartă

地図

coș de gunoi

ごみ箱

hotel
ホテル

Grand

hostel
ホステル

ROOMS

casă de schimb valutar
両替所

EXCHANGE

valiză
スーツケース

autovehicul
自動車

limbă

言語

da/nu

はい / いいえ

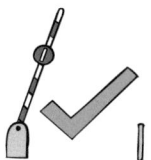

okay

問題ない

Bună!

ハロー

interpret

翻訳者

mulțumesc

ありがとう

Cât costă…?

...はいくらですか？

Nu înțeleg

わかりません

problemă

問題

Bună seara!

こんばんは！

Bună dimineața!

おはようございます！

Noapte bună!

おやすみなさい！

la revedere

さようなら

direcție

方向

bagaj

手荷物

geantă

バッグ

rucsac

リュックサック

oaspete

お客様

cameră

部屋

sac de dormit

寝袋

cort

テント

punct de informare turistică

旅行者情報

plajă

ビーチ

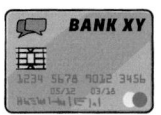

carte de credit

クレジットカード

mic dejun

朝食

masa de prânz

昼食

cină

夕食

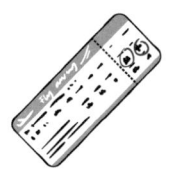

bilet de călătorie

チケット

lift

エレベーター

timbru poștal

スタンプ

graniță

境界

vamă

税関

ambasadă

大使館

viză

ビザ

pașaport

パスポート

transport

輸送

avion
飛行機

vas
船

mașină de pompieri
消防車

autobuz
バス

camion
トラック

șalupă
モーター
ボート

bicicletă
自転車

autovehicul
自動車

feribot

フェリー

barcă

ボート

motocicletă

バイク

mașină de poliție

パトカー

mașină de curse

レーシングカー

mașină închiriată

レンタカー

car sharing

カーシェアリング

mașină de tractat

レッカー車

mașină de gunoi

ごみ収集車

motor

モーター

combustibil

燃料

benzinărie

ガソリンスタンド

semn de circulație

交通標識

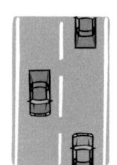

trafic

交通

ambuteiaj

渋滞

parcare

駐車場

gară

駅

șine

道

tren

列車

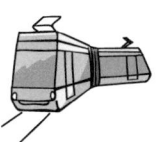

tramvai

路面電車

vagon

車両

elicopter

ヘリコプター

aeroport

空港

turn

タワー

pasager

乗客

container

コンテナ

carton

段ボール箱

căruţă

カート

coș

カゴ

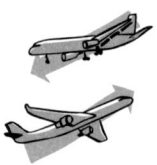

a decola/a ateriza

離陸 / 着陸

oraș

都市

sat

村

centru

都心

casă

家

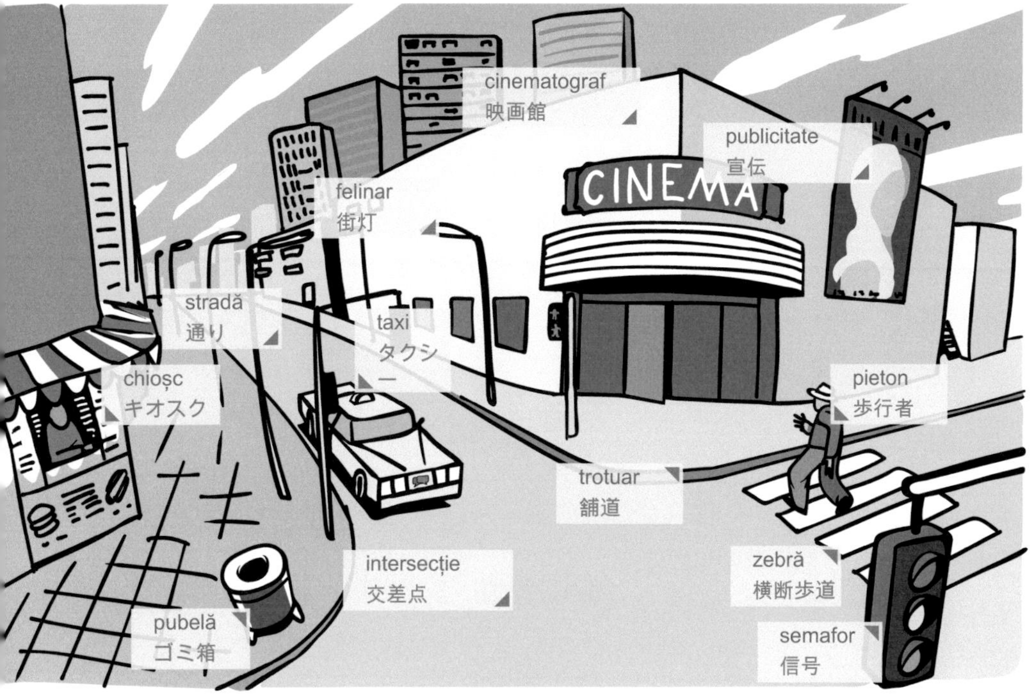

cinematograf
映画館
CINEMA
publicitate
宣伝
felinar
街灯
stradă
通り
taxi
タクシー
chioșc
キオスク
pieton
歩行者
trotuar
舗道
intersecție
交差点
zebră
横断歩道
pubelă
ゴミ箱
semafor
信号

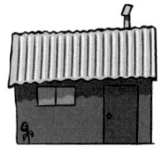

cabană

小屋

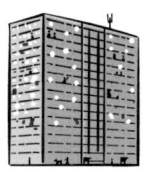

apartament

アパート

gară

駅

primărie

市役所

MUSEUM

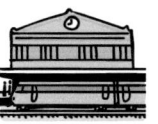

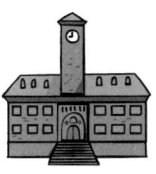

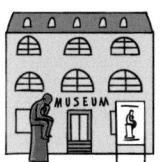

muzeu

美術館

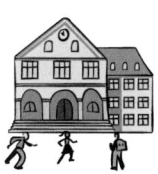

școală

学校

universitate

大学

bancă

銀行

spital

病院

hotel

ホテル

farmacie

薬局

birou

オフィス

librărie

書店

magazin

ショップ

florărie

花屋

supermarket

スーパーマーケット

piață

市場

magazin universal

デパート

comerciant de pește

魚屋

centru comercial

ショッピングセンター

port

港

parc

公園

bancă

ベンチ

pod

橋

trepte

階段

metrou

地下鉄

tunel

トンネル

stație de autobuz

バス停

bar

バー

restaurant

レストラン

cutie poștală

ポスト

tăbliță indicatoare cu
numele străzii

道路標識

parcometru

パーキングメーター

grădină zoologică

動物園

piscină

スイミングプール

moschee

モスク

gospodărie țărănească

農場

poluare

汚染

cimitir

墓地

biserică

教会

loc de joacă

遊び場

templu

寺

peisaj

風景

frunză
葉

indicator
道標

drum
道

pajiște
草地

piatră
石

copac
木

drumeț
ハイカー

râu
川

iarbă
草

floare
花

vale

谷

deal

山

lac

湖

pădure

森

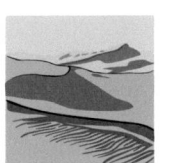

deșert

砂漠

vulcan

火山

castel

城

curcubeu

虹

ciupercă

キノコ

palmier

ヤシの木

țânțar

蚊

muscă

ハエ

furnică

蟻

albină

ミツバチ

păianjen

クモ

peisaj - 風景

gândac

カブトムシ

broască

蛙

veveriţă

リス

arici

ハリネズミ

iepure

ウサギ

bufniţă

フクロウ

pasăre

鳥

lebădă

白鳥

porc mistreţ

雄豚

cerb

鹿

elan

ヘラジカ

dig

ダム

turbină eoliană

風力タービン

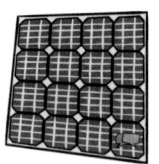

panou solar

ソーラーパネル

climă

気候

restaurant
レストラン

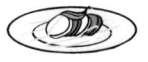

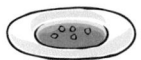

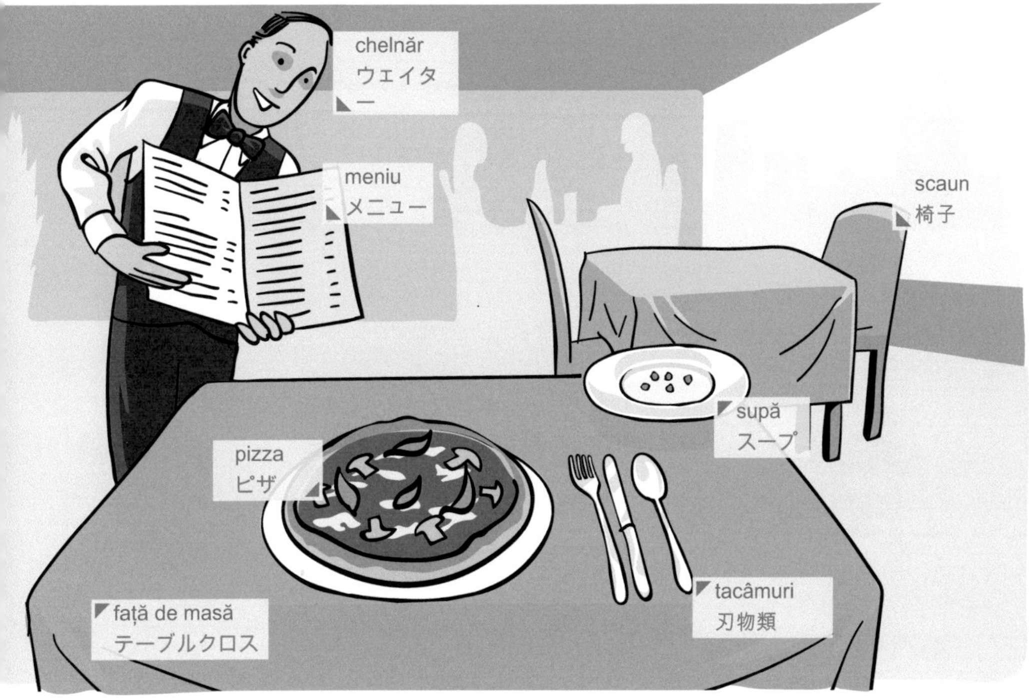
chelnăr
ウェイター
meniu
メニュー
scaun
椅子
supă
スープ
pizza
ピザ
tacâmuri
刃物類
față de masă
テーブルクロス

antreu

前菜

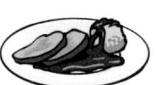

fel principal

メインコース

desert

デザート

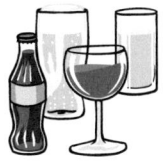

băuturi

飲み物

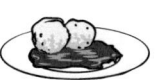

mâncare

食べ物

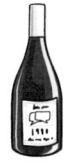

sticlă

ボトル

fastfood

ファストフード

streetfood

屋台の食べ物

ceainic

ティーポット

zaharniță

砂糖入れ

porție

一人前

espressor

エスプレッソマシン

scaun înalt (pentru copii)

幼児用食事椅子

factură

請求書

tavă

トレー

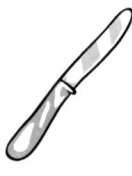

cuțit

ナイフ

furculiță

フォーク

lingură

スプーン

linguriță

ティースプーン

șervețel

ナプキン

pahar

グラス

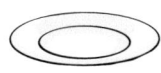

farfurie

皿

farfurie de supă

スープ皿

farfurie

受け皿

sos

ソース

solniță

塩入れ

râșniță de piper

ペッパーミル

oțet

酢

ulei

油

condimente

スパイス

ketchup

ケチャップ

muștar

マスタード

maioneză

マヨネーズ

supermarket

スーパーマーケット

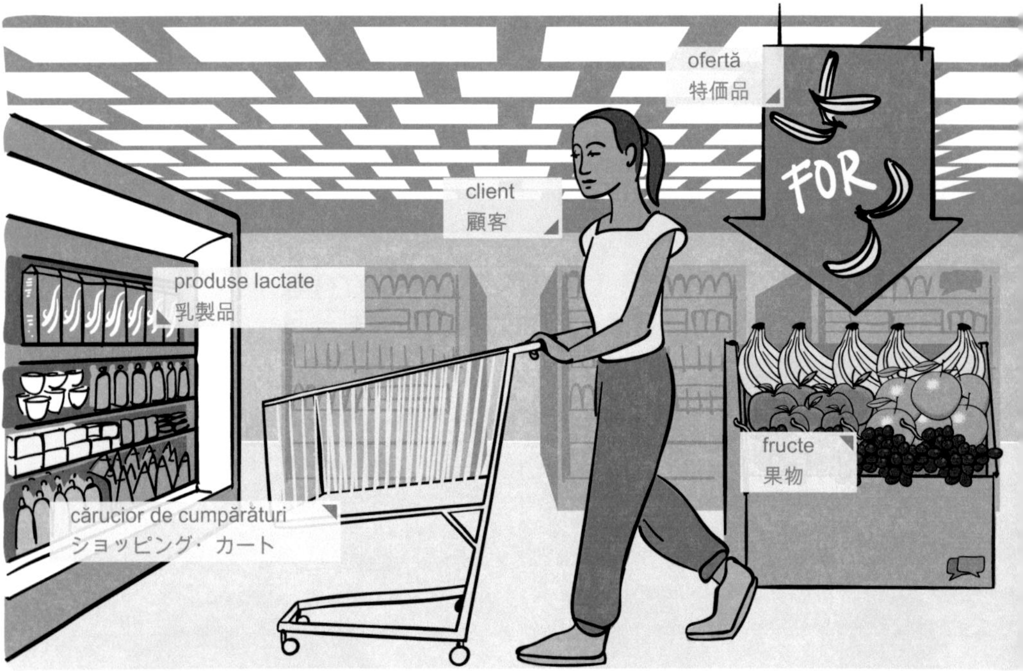
ofertă
特価品
FOR
client
顧客
produse lactate
乳製品
fructe
果物
cărucior de cumpărături
ショッピング・カート

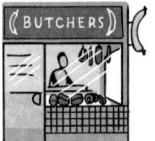

BUTCHERS

măcelărie

肉屋

BAKERY

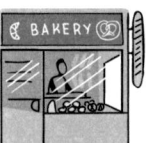

brutărie

パン屋

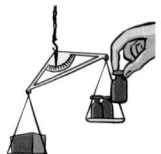

a cântări

重さをはかる

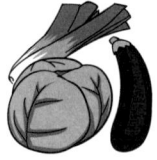

legume

野菜

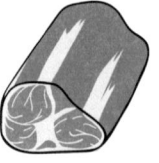

carne

肉

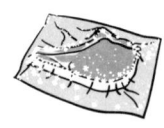

alimente refrigerate

冷凍食品

mezeluri şi brânzeturi feliate

冷肉の薄切り

conserve

缶詰食品

detergent

洗剤

dulciuri

菓子

articole de menaj

家庭用品

produse de curăţenie

清掃用品

vânzătoare

販売員

casă

現金箱

casier

レジ係

listă de cumpărături

買い物リスト

orar

開館時刻

portmoneu

財布

carte de credit

クレジットカード

geantă

バッグ

pungă de plastic

ポリ袋

apă

水

suc

ジュース

lapte

牛乳

cola

コーラ

vin

ワイン

bere

ビール

alcool

アルコール

cacao

ココア

ceai

紅茶

cafea

コーヒー

espresso

エスプレッソ

cappucino

カプチーノ

banane

バナナ

măr

リンゴ

portocală

オレンジ

pepene

メロン

lămâie

レモン

morcov

ニンジン

usturoi

ニンニク

bambus

竹

ceapă

玉ねぎ

ciupercă

キノコ

nuci

ナッツ

paste făinoase

ヌードル

spagheti

スパゲッティ

orez

米

salată

サラダ

cartofi prăjiți

フライドポテト

cartofi țărănești

フライドポテト

pizza

ピザ

hamburger

ハンバーガー

sandwich

サンドウィッチ

șnițel

カツレツ

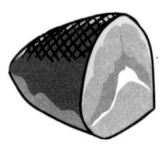

șuncă

ハム

salam

サラミ

cârnați

ソーセージ

pui

鶏肉

friptură

焼き

pește

魚

mâncare - 食べ物

fulgi de ovăz

麦のお粥

musli

ムーズリ

cereale

コーンフレーク

făină

小麦粉

corn

クロワッサン

chifle

ロールパン

pâine

パン

pâine prăjită

トースト

biscuiți

ビスケット

unt

バター

brânză de vaci

カッテージチーズ

prăjitură

ケーキ

ou

卵

ouă ochiuri

目玉焼き

brânză

チーズ

îngheţată

アイスクリーム

zahăr

砂糖

miere

はちみつ

marmeladă

ジャム

cremă nuga

ヌガークリーム

curry

カレー

gospodărie țărănească

農場

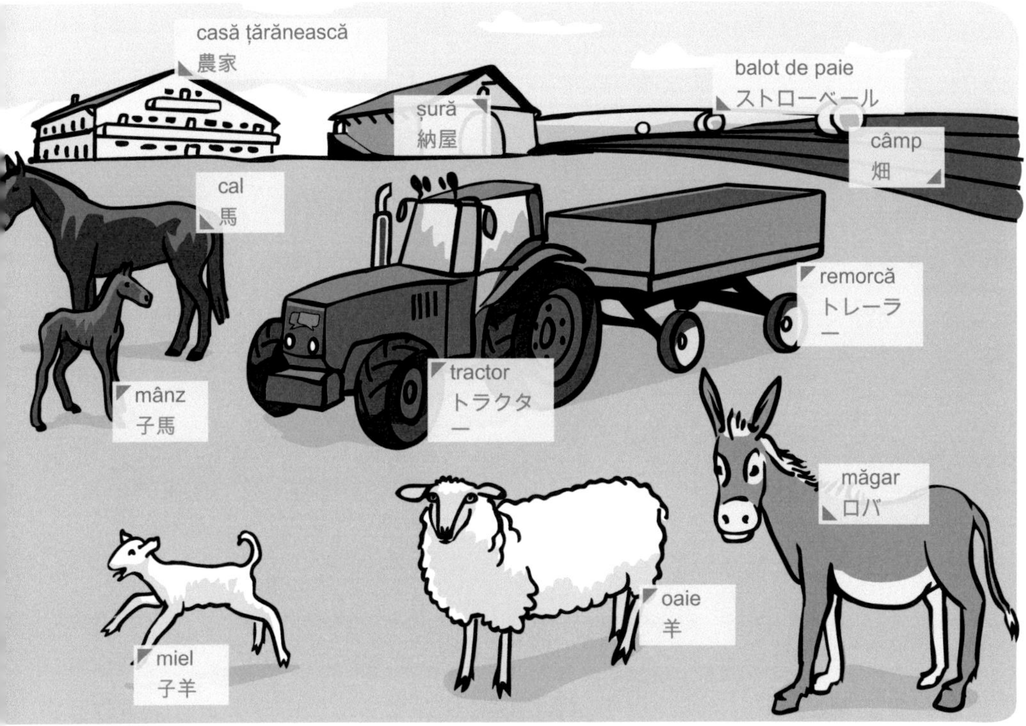

casă țărănească
農家
șură
納屋
balot de paie
ストローベール
câmp
畑
cal
馬
remorcă
トレーラー
tractor
トラクター
mânz
子馬
măgar
ロバ
oaie
羊
miel
子羊

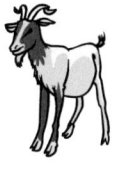

capră

ヤギ

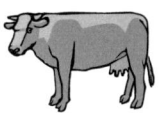

vacă

雌牛

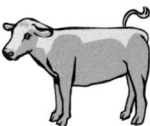

vițel

子牛

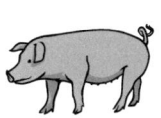

porc

豚

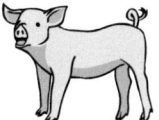

purcel

子豚

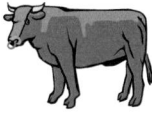

taur

雄牛

găină

ガチョウ

rață

アヒル

pui

ひよこ

găină

にわとり

cocoș

おんどり

șobolan

ネズミ

pisică

猫

șoarece

ねずみ

bou

雄牛

câine

犬

cușcă

犬小屋

furtun de grădină

散水ホース

stropitoare

じょうろ

coasă

大鎌

plug

すき

seceră

草刈り鎌

sapă

くわ

furcă

堆肥用フォーク

secure

斧

roabă

手押し車

troacă

かいばおけ

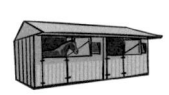

cană pentru lapte

牛乳缶

sac

袋

gard

フェンス

grajd

畜舎

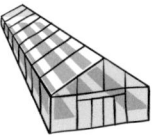

seră

温室

sol

土壌

sămânță

種

fertilizator

肥料

combină de treierat

コンバイン

a culege

収穫する

recoltă

収穫

cartof yam

ヤマイモ

grâu

小麦

soia

大豆

cartof

じゃがいも

porumb

トウモロコシ

rapiță

菜種

pom fructifer

果樹

manioc

キャッサバ

cereale

穀物

casă
家

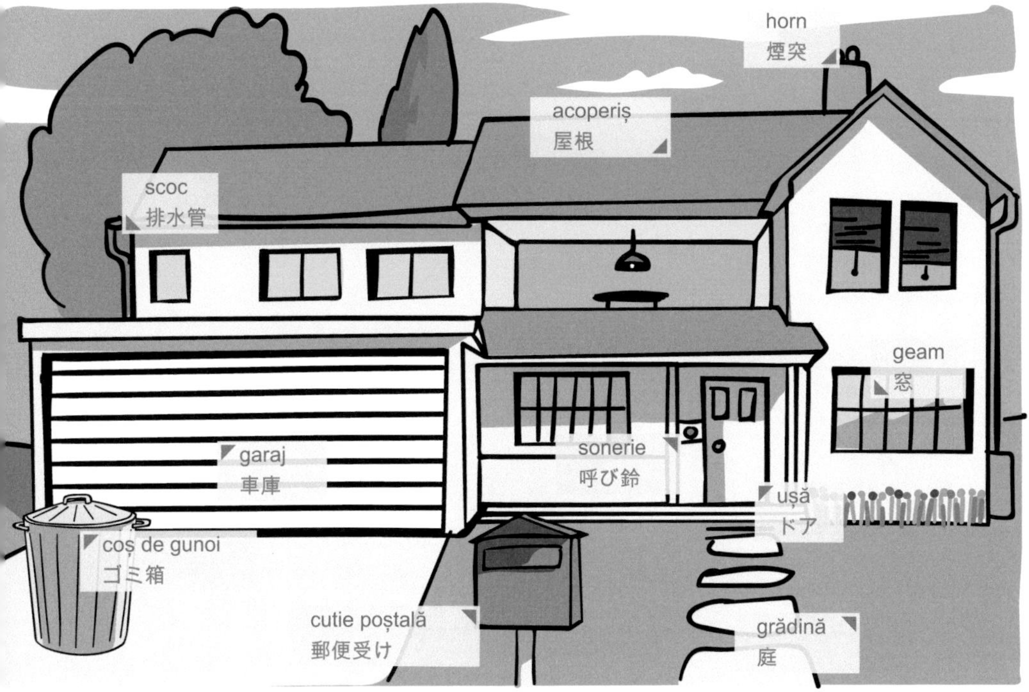
horn
煙突
acoperiș
屋根
scoc
排水管
geam
窓
garaj
車庫
sonerie
呼び鈴
ușă
ドア
coș de gunoi
ゴミ箱
cutie poștală
郵便受け
grădină
庭

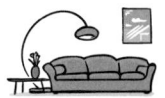

cameră de zi

リビングルーム

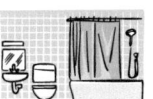

baie

浴室

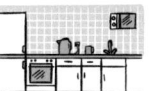

bucătărie

台所

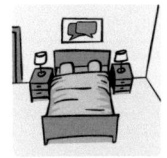

dormitor

寝室

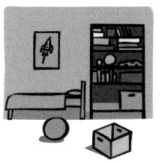

camera copiilor

子供部屋

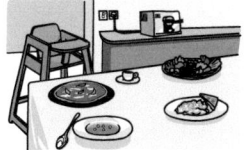

sufragerie

ダイニング· ルーム

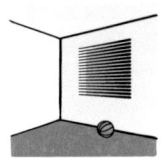

podea

床

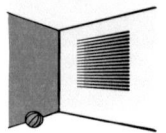

perete

壁

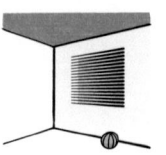

tavan

天井

pivniță

地下貯蔵庫

saună

サウナ

balcon

バルコニー

terasă

テラス

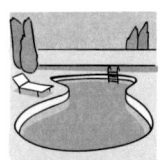

piscină

プール

mașină de tuns iarba

芝刈り機

cearșaf

シーツ

cuvertură

ベッドカバー

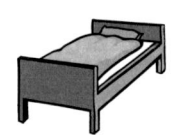

pat

ベッド

mătură

ほうき

găleată

バケツ

întrerupător

スイッチ

cameră de zi
リビングルーム

tapet
壁紙
pictură
絵
lampă
ランプ
raft
棚
dulap
食器棚
televizor
テレビ
șemineu
暖炉
floare
花
pernă
クッション
sofa
ソファ
vază
花瓶
telecomandă
リモコン

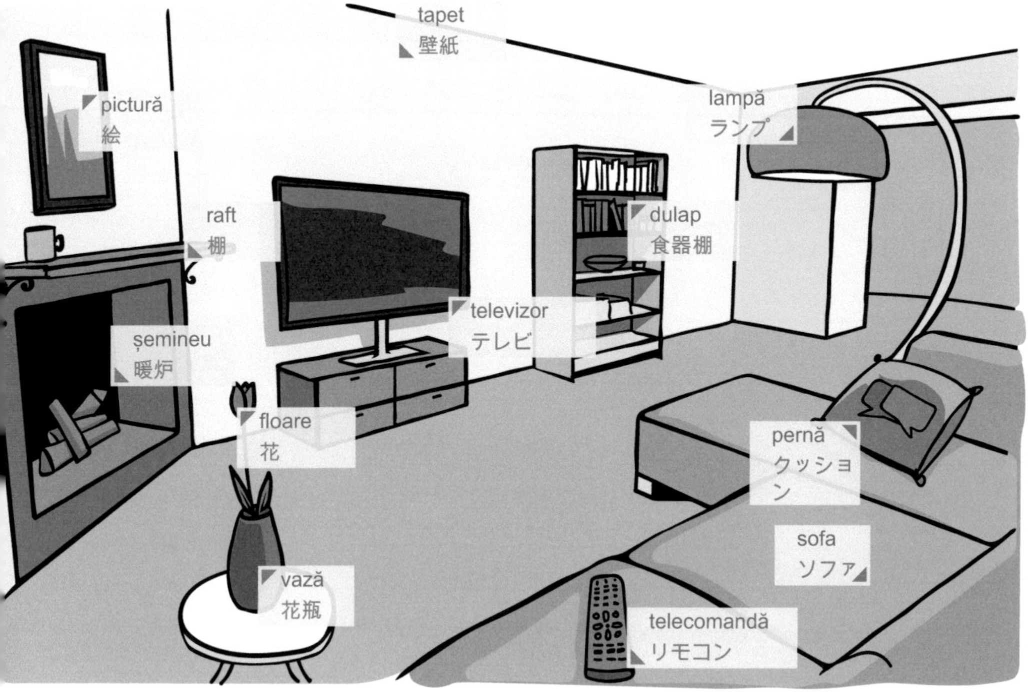

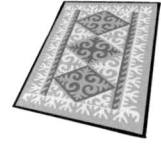

covor
カーペット

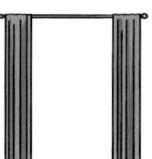

perdea
カーテン

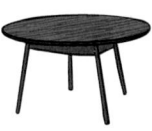

masă
テーブル

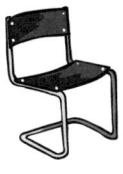

scaun
椅子

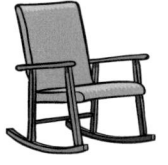

balansoar
ロッキングチェア

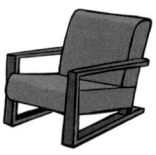

fotoliu
ひじ掛け椅子

carte

本

pătură

毛布

decoraţiune

飾り

lemn de foc

たきぎ

film

映画

instalaţie stereo

ステレオ

cheie

鍵

ziar

新聞

desen

絵画

poster

ポスター

radio

ラジオ

caiet de notiţe

メモ帳

aspirator

掃除機

cactus

サボテン

lumânare

ろうそく

bucătărie
台所

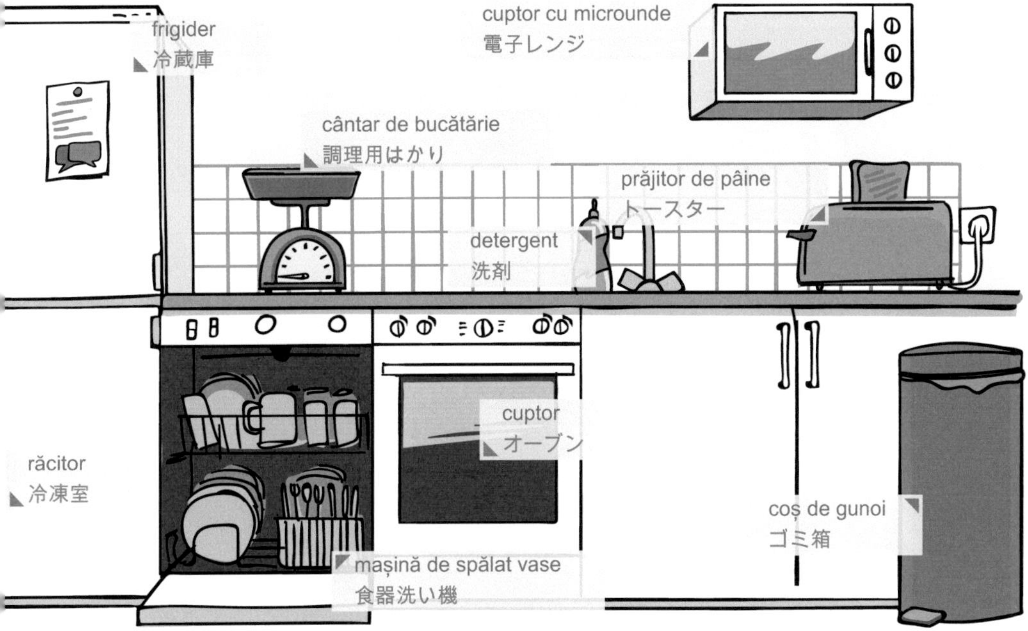

frigider
冷蔵庫
cuptor cu microunde
電子レンジ
cântar de bucătărie
調理用はかり
prăjitor de pâine
トースター
detergent
洗剤
cuptor
オーブン
răcitor
冷凍室
coș de gunoi
ゴミ箱
mașină de spălat vase
食器洗い機

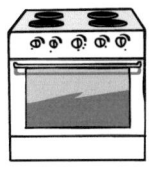

cuptor

こんろ

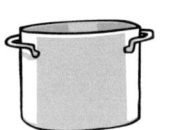

oală

鍋

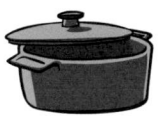

oală de metal

鉄鍋

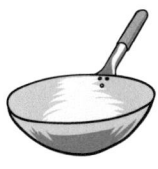

wok/kadai

中華鍋/ カダイ鍋

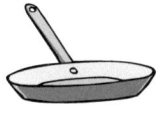

tigaie

フライパン

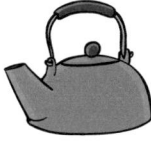

ceainic

やかん

oală de gătit cu aburi

蒸し器

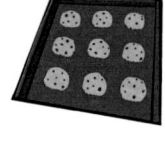

tavă de copt

天板

veselă

食器

pahar

マグカップ

bol

ボウル

bețișoare

箸

polonic

おたま

spatulă

へら

tel

泡立て器

sită

こし器

sită

ふるい

răzătoare

すりおろし器

mojar

すり鉢

grătar

バーベキュー

loc pentru grătar

かまど

tocător

まな板

sucitor

麺棒

tirbușon

栓抜き

conservă

缶

deschizător de conserve

缶切り

șervete termice

鍋つかみ

chiuvetă

流し

perie

ブラシ

burete

スポンジ

mixer

ミキサー

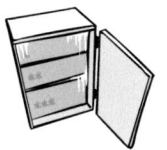

ladă frigorifică

冷凍庫

biberon

哺乳瓶

robinet

蛇口

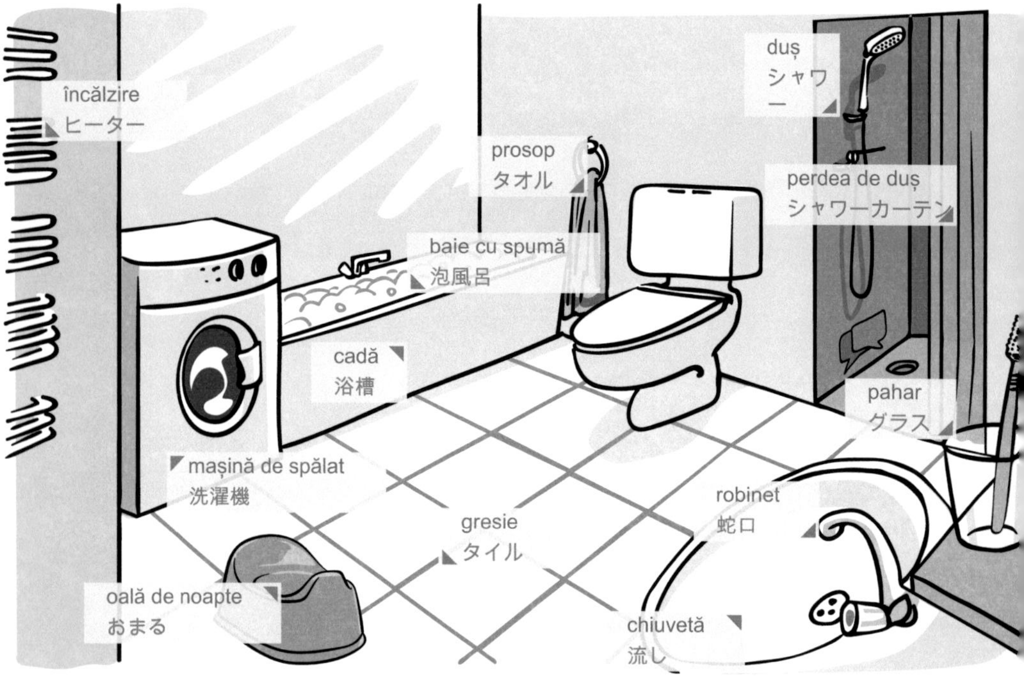

încălzire ヒーター

duș シャワー

prosop タオル

perdea de duș シャワーカーテン

baie cu spumă 泡風呂

cadă 浴槽

pahar グラス

mașină de spălat 洗濯機

gresie タイル

robinet 蛇口

oală de noapte おまる

chiuvetă 流し

toaletă	toaletă turcescă	bideu
トイレ	和式トイレ	ビデ

pisoir	hârtie igienică	perie de toaletă
小便器	トイレットペーパー	トイレブラシ

periuță de dinți

歯ブラシ

pastă de dinți

歯みがき

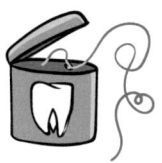

ață dentară

デンタルフロス

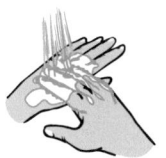

a spăla

洗う

cap de duș

シャワーヘッド

duș intim

ハンドビデ

lavoar

洗面台

perie pentru spate

ボディブラシ

săpun

石鹸

gel de duș

シャワー用ジェル

șampon

シャンプー

cârpă de spălat

浴用タオル

scurgere

排水口

cremă

クリーム

deodorant

消臭

oglindă

鏡

oglindă cosmetică

手鏡

aparat de ras

かみそり

spumă de ras

シェービング・フォーム

aftershave

アフターシェーブローショ
ン

pieptene

櫛

perie

ブラシ

uscător de păr

ドライヤー

fixator

ヘアスプレー

machiaj

化粧

ruj

口紅

lac de unghii

マニキュア

vată

脱脂綿

foarfece de unghii

爪切り

parfum

香水

neseser

洗面用具入れ

taburet

スツール

cântar

体重計

halat de baie

バスローブ

mănuși de cauciuc

ゴム手袋

tampon

タンポン

tampon

生理用ナプキン

toaletă chimică

ケミカルトイレ

camera copiilor
子供部屋

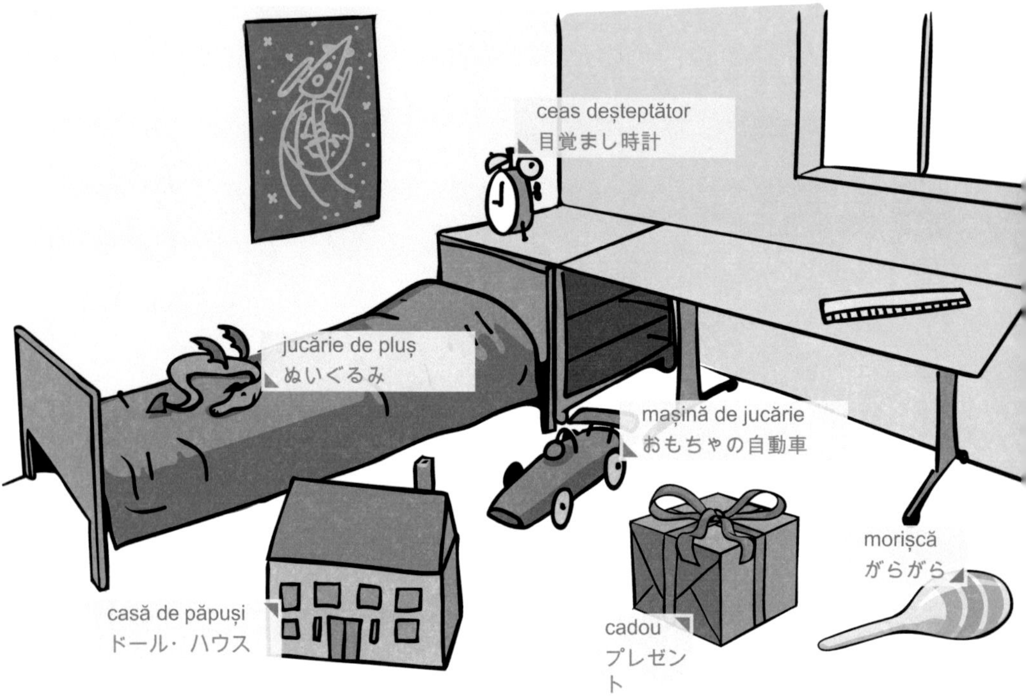

ceas deșteptător
目覚まし時計
jucărie de pluș
ぬいぐるみ
mașină de jucărie
おもちゃの自動車
morișcă
がらがら
casă de păpuși
ドール・ハウス
cadou
プレゼント

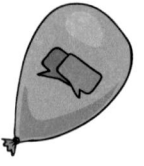

balon

風船

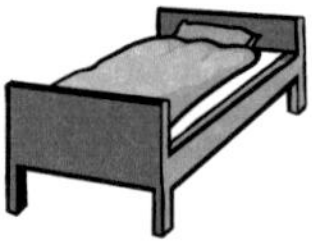

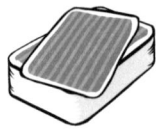

pat

ベッド

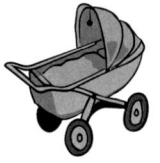

cărucior de copii

ベビーカー

joc de cărți

カードゲーム

puzzle

ジグソーパズル

SUPER MEGA

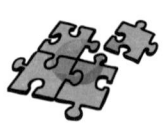

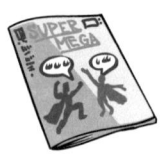

revistă de benzi desenate

漫画

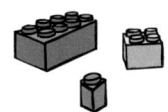

cuburi lego

レゴ

piese pentru construcţii

玩具ブロック

personaj din filmele de acţiune

アクションフィギュア

body

ロンパース

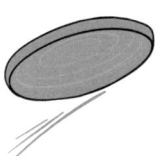

frisbee

フリスビー

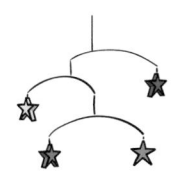

mobil

モバイル

joc de societate

ボードゲーム

zar

さいころ

set trenuleţ de jucărie

鉄道模型

suzetă

おしゃぶり

petrecere

パーティー

carte cu poze

絵本

minge

ボール

păpuşă

人形

a se juca

遊ぶ

groapă de nisip

砂場

leagăn

ブランコ

jucării

おもちゃ

consolă video

ゲーム機

tricicletă

三輪車

ursuleț

テディベア

dulap

衣装ダンス

îmbrăcăminte

衣服

șosete

靴下

ciorapi

ストッキング

dres

タイツ

şal
スカーフ

umbrelă
雨傘

tricou
Tシャツ

curea
ベルト

cizme
ブーツ

papuci
スリッパ

pantofi sport
スニーカー

sandale
サンダル

încălţăminte
靴

cizme de cauciuc
ゴム長靴

chilot
パンツ

sutien
ブラ

maiou
ベスト

body

ボディースーツ

pantaloni

ズボン

blugi

ジーンズ

fustă

スカート

bluză

ブラウス

cămașă

シャツ

pulover

セーター

jerseu

パーカー

sacou

ブレザー

jachetă

ジャケット

palton

コート

pelerină de ploaie

レインコート

costum

服装

rochie

ドレス

rochie de mireasă

ウエディングドレス

costum

スーツ

cămașă de noapte

ナイトガウン

pijama

パジャマ

sari

サリー

batic

ヘッドスカーフ

turban

ターバン

burka

ブルカ

caftan

カフタン

abaya

アバヤ

costum de baie

水着

șort

トランクス

pantaloni scurți

半ズボン

trening

スウェットスーツ

șorț

エプロン

mănuși

手袋

nasture

ボタン

ochelari

メガネ

brățară

ブレスレット

lanț

ネックレス

inel

指輪

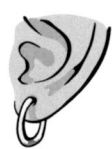

cercel

イヤリング

căciulă

帽子

umeraș

ハンガー

pălărie

帽子

cravată

ネクタイ

fermoar

ファスナー

cască

ヘルメット

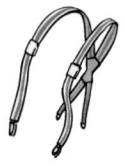

bretele

サスペンダー

uniformă școlară

制服

uniformă

ユニフォーム

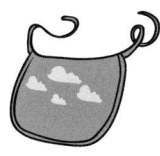

bavețică

よだれかけ

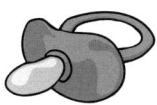

suzetă

おしゃぶり

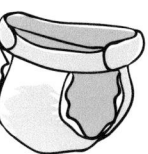

scutec

おむつ

birou
オフィス

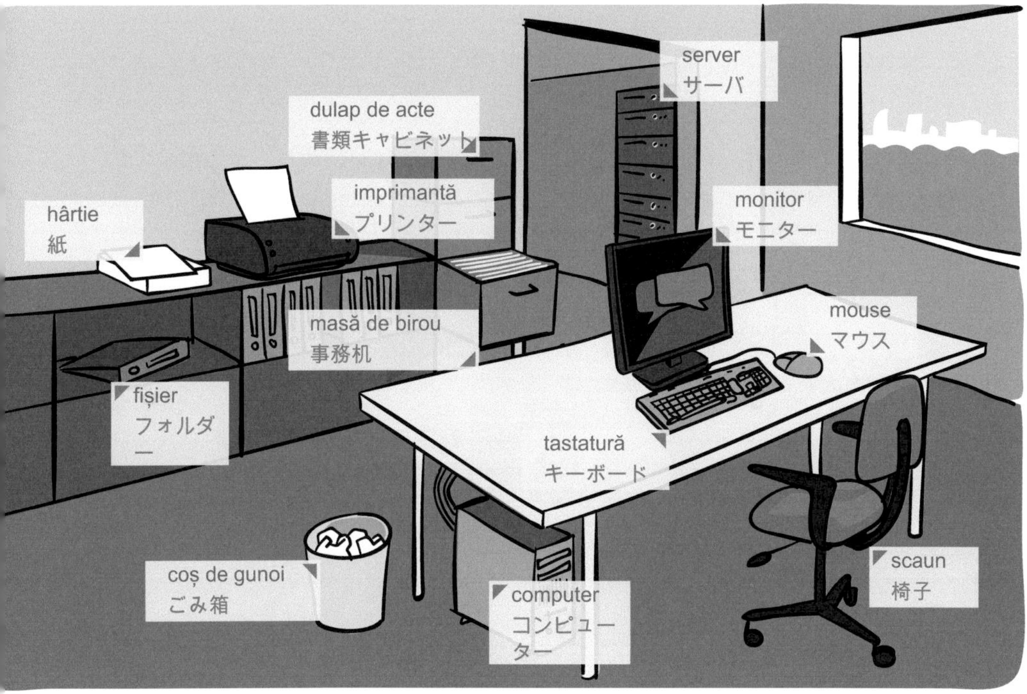

server
サーバ
dulap de acte
書類キャビネット
imprimantă
プリンター
hârtie
紙
monitor
モニター
mouse
マウス
masă de birou
事務机
fișier
フォルダー
tastatură
キーボード
coș de gunoi
ごみ箱
computer
コンピューター
scaun
椅子

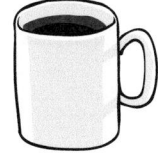

ceașcă de cafea

コーヒーマグ

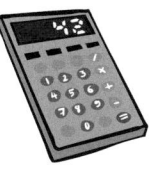

calculator

計算機

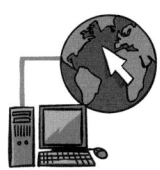

internet

インターネット

laptop

ラップトップ

scrisoare

手紙

mesaj

メッセージ

telefon mobil

携帯電話

rețea

ネットワーク

copiator

コピー機

software

ソフトウェア

telefon

電話

priză

コンセント

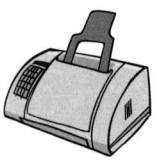

fax

ファックス

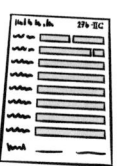

formular

フォーム

document

書類

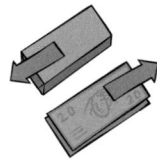

a cumpăra

買う

a plăti

支払う

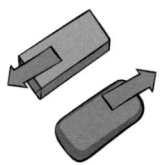

a face comerț

取引する

bani

お金

USD

Dolar

ドル

EUR

Euro

ユーロ

JPY

Yen

円

RUB

Rublă

ルーブル

CHF

Franc Elvețian

スイスフラン

CNY

renminbi yuan

人民元

INR

Rupie

ルピー

bancomat

キャッシュポイント

casă de schimb valutar

両替所

aur

金

argint

銀

petrol

油

energie

エネルギー

preț

価格

contract

契約

impozit

税金

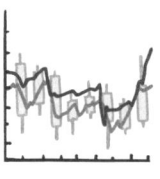

acțiune

株

a munci

働く

angajat

従業員

angajator

雇用主

fabrică

工場

magazin

ショップ

ocupații
職業

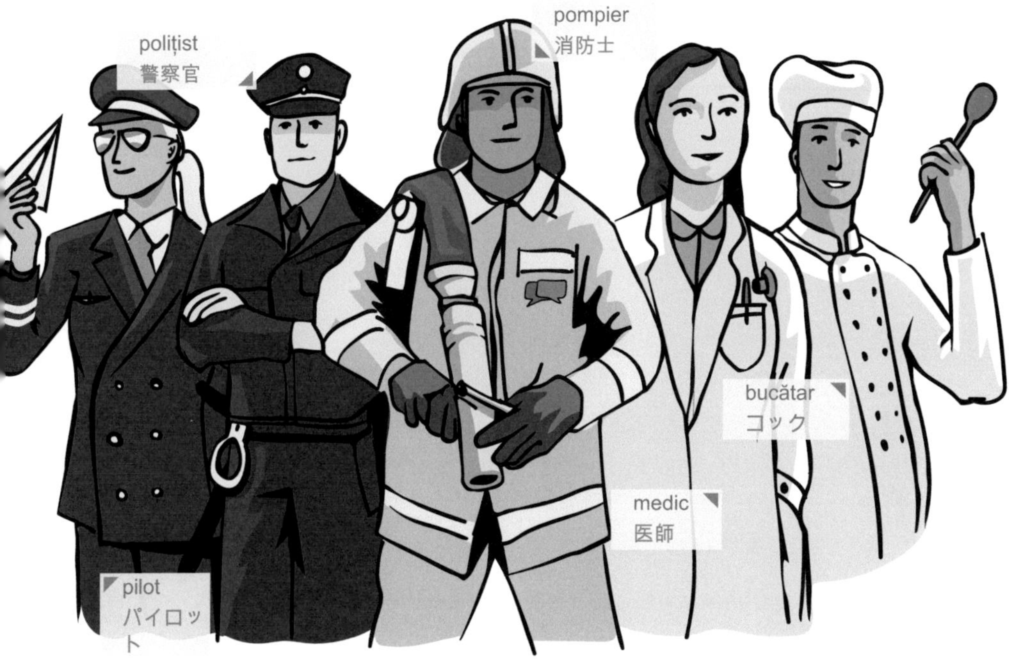

polițist
警察官
pompier
消防士
bucătar
コック
medic
医師
pilot
パイロット

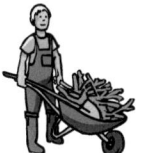

grădinar

庭師

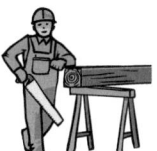

tâmplar

大工

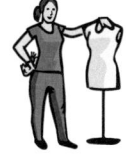

cusătoreasă

お針子

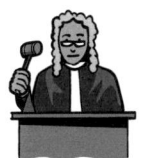

judecător

裁判官

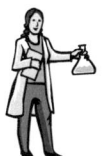

chimist

化学者

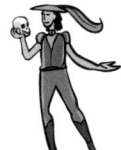

actor

俳優

șofer de autobuz

バスの運転手

șofer de taxi

タクシー運転手

pescar

漁師

femeie de serviciu

掃除婦

tinichigiu

屋根ふき職人

chelnăr

ウェイター

vânător

ハンター

pictor

塗装工

brutar

パン屋

electrician

電気工

muncitor în construcții

建設作業員

inginer

エンジニア

măcelar

肉屋

instalator

配管工

poștaș

郵便配達人

soldat

軍人

arhitect

建築家

casier

レジ係

florar

花屋

frizer

美容師

controlor

車掌

mecanic

機械工

căpitan

キャプテン

stomatolog

歯科医

om de știință

科学者

rabin

ラビ

imam

イスラム導師

călugăr

修道士

preot

牧師

instrumente
道具

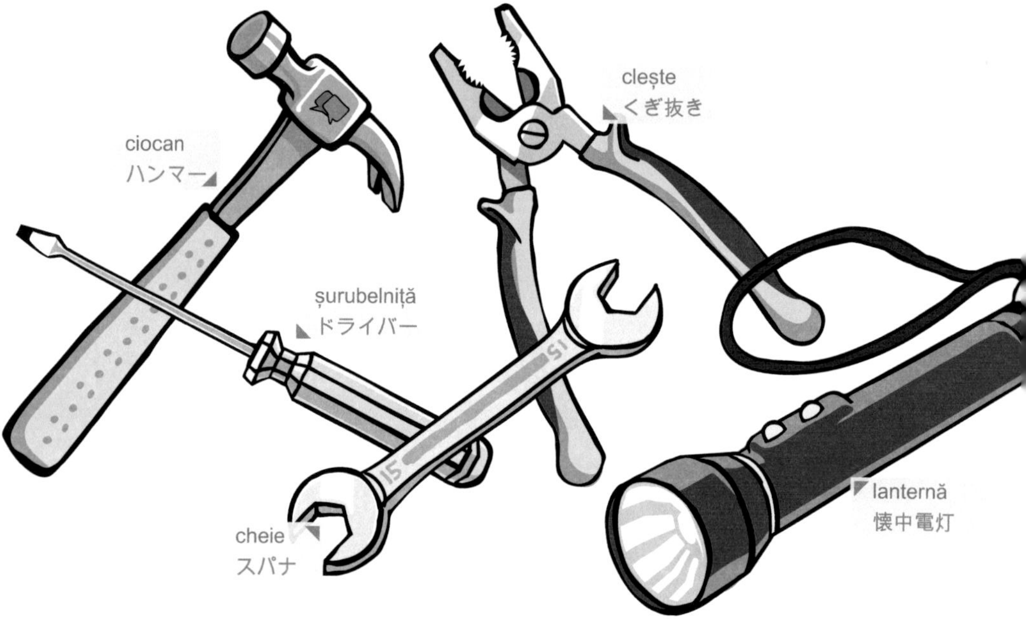
cleşte
くぎ抜き
ciocan
ハンマー
şurubelniţă
ドライバー
cheie
スパナ
lanternă
懐中電灯

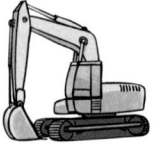

excavator
掘削機

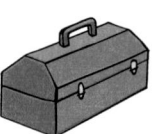

cutie de scule
道具箱

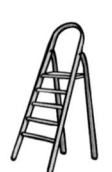

scară
はしご

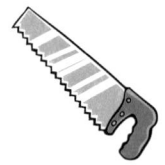

ferăstrău
のこぎり

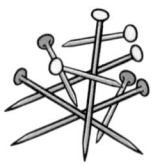

cuie
釘

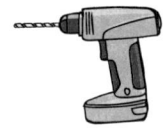

burghiu
ドリル

a repara
修理する

lopată
シャベル

La naiba!
クソ！

făraș
ちりとり

vas pentru vopsea
ペンキ缶

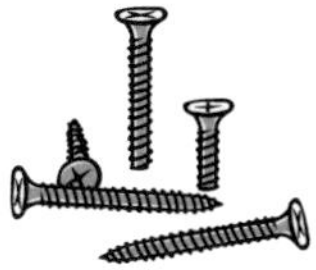

șuruburi
ネジ

instrumente muzicale
楽器

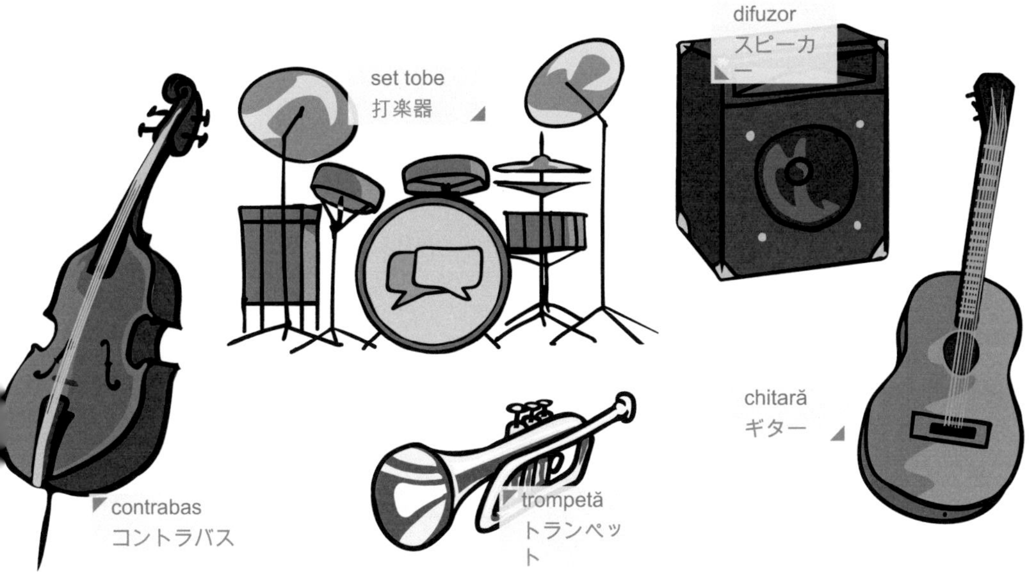

set tobe
打楽器

difuzor
スピーカー

chitară
ギター

contrabas
コントラバス

trompetă
トランペット

pian

ピアノ

vioară

バイオリン

bas

バス

trombon

ティンパニ

tobă

ドラム

keyboard

キーボード

saxofon

サックス

fluier

フルート

microfon

マイクロフォン

grădină zoologică
動物園

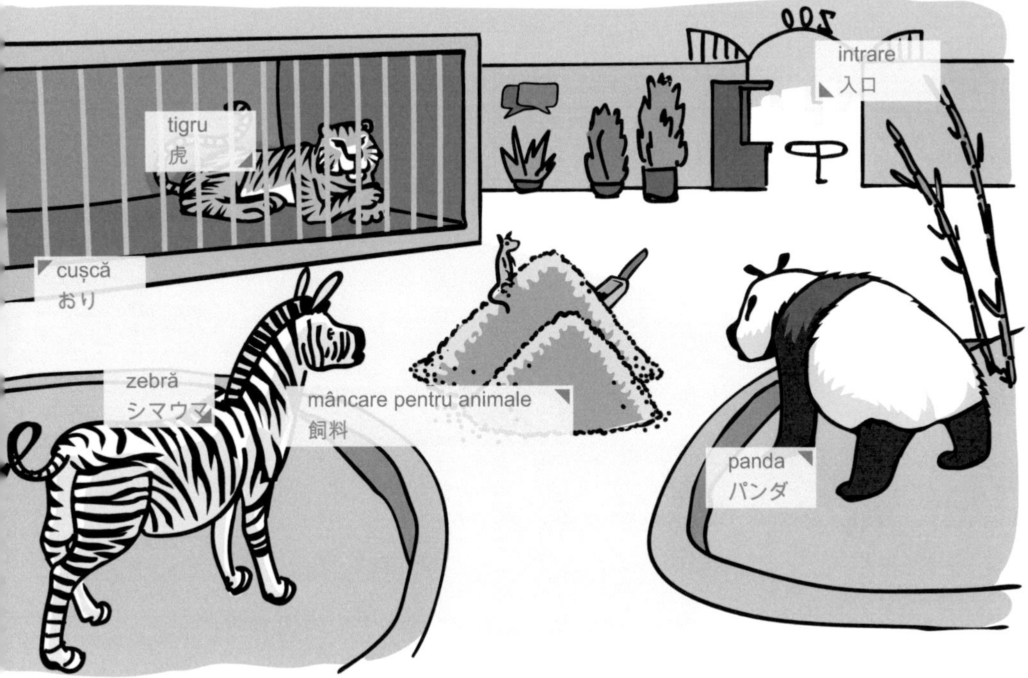

intrare
入口
tigru
虎
cușcă
おり
zebră
シマウマ
mâncare pentru animale
飼料
panda
パンダ

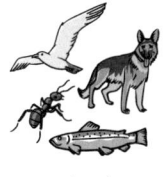

animale

動物

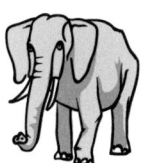

elefant

象

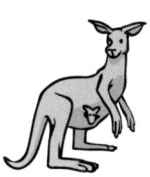

cangur

カンガルー

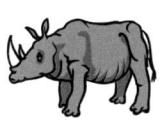

rinocer

サイ

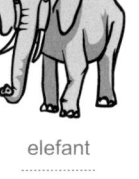

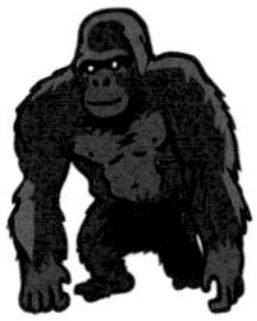

gorilă

ゴリラ

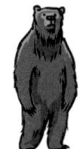

urs

熊

cămilă

ラクダ

struț

ダチョウ

leu

ライオン

maimuță

猿

flamingo

フラミンゴ

papagal

オウム

urs polar

白クマ

pinguin

ペンギン

rechin

サメ

păun

クジャク

șarpe

蛇

crocodil

ワニ

îngrijitor grădina zoologică

飼育係

focă

アザラシ

jaguar

ジャガー

ponei

ポニー

leopard

ヒョウ

hipopotam

カバ

girafă

キリン

acvilă

鷲

porc mistreț

雄豚

pește

魚

broască țestoasă

亀

morsă

セイウチ

vulpe

狐

gazelă

ガゼル

fotbal american
アメフト

ciclism
サイクリング

tenis
テニス

basketball
バスケットボール

înot
水泳

box
ボクシング

hockey pe gheață
アイスホッケー

fotbal
サッカー

badminton
バドミントン

atletism
陸上競技

handbal
ハンドボール

schi
スキー

polo
ポロ

a sări
跳ぶ

a râde
笑う

a îmbrățișa
抱きしめる

a merge
歩く

a cânta
歌う

a visa
夢見る

a se ruga
祈る

a săruta
キス

a scrie

書く

a desena

描く

a arăta

示す

a împinge

押す

a da

与える

a lua

取る

a avea

持っている

a face

する

a fi

ある

a sta în picioare

立つ

a fugi

走る

a trage

引く

a arunca

投げる

a cădea

落ちる

a sta întins

横たわっている

a aștepta

待つ

a purta

運ぶ

a ședea

座る

a se îmbrăca

着る

a dormi

眠る

a se trezi

目が覚める

a privi

見る

a plânge

泣く

a mângâia

なでる

a se pieptăna

櫛ですく

a vorbi

話す

a înțelege

理解する

a întreba

質問する

a asculta

聞く

a bea

飲む

a mânca

食べる

a face ordine

片づける

a iubi

愛する

a găti

料理する

a conduce

運転する

a zbura

飛ぶ

a naviga

ヨットに乗る

a calcula

計算する

a citi

読む

a învăța

学ぶ

a munci

働く

a se căsători

結婚する

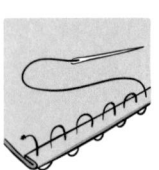

a coase

縫う

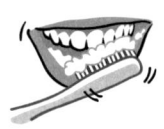

a se spăla pe dinți

歯を磨く

a ucide

殺す

a fuma

喫煙する

a trimite

送る

familie
家族

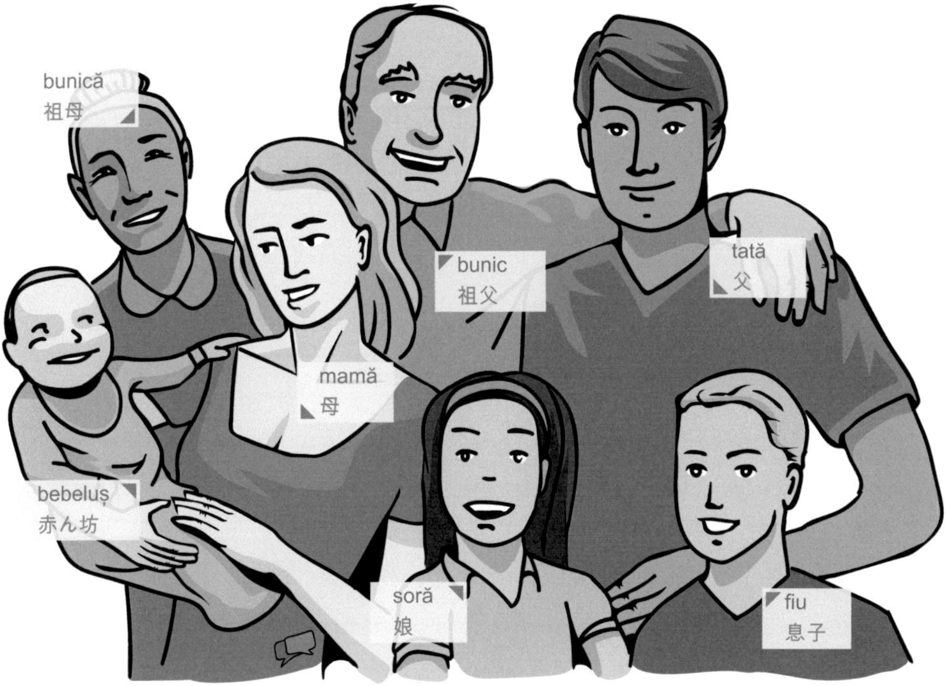
bunică
祖母
bunic
祖父
tată
父
mamă
母
bebeluș
赤ん坊
soră
娘
fiu
息子

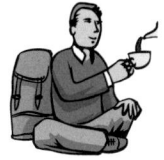

oaspete

お客様

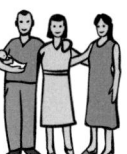

mătușă

おば

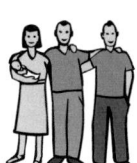

unchi

おじ

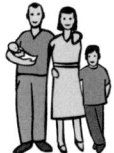

frate

兄弟

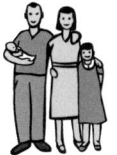

soră

姉妹

corp
体

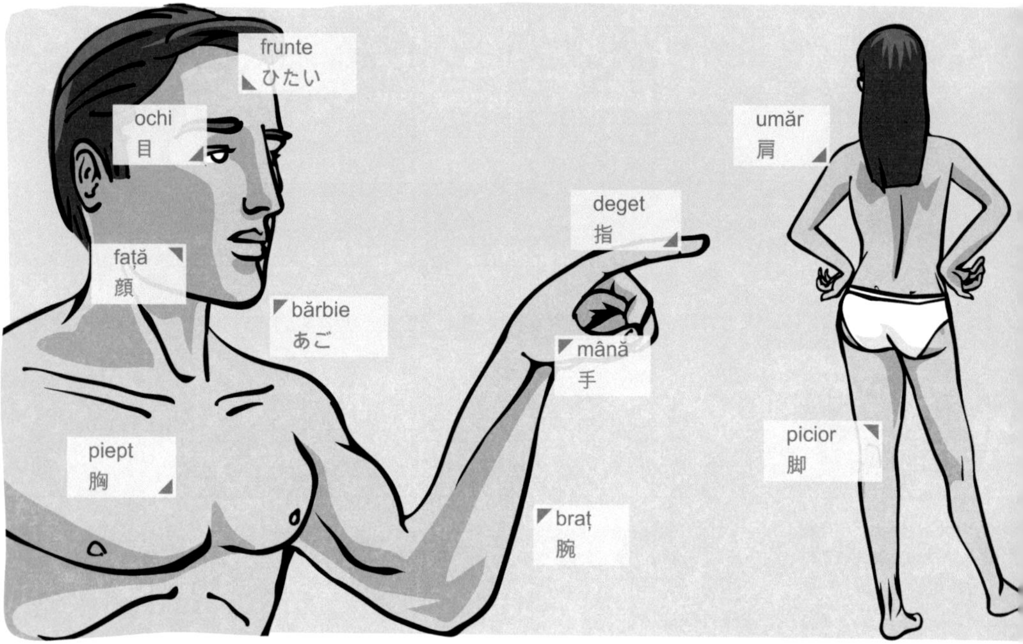

frunte
▶ ひたい

ochi
目

deget
指

umăr
肩

față
顔

bărbie
あご

mână
手

piept
胸

picior
脚

braț
腕

bebeluş

赤ん坊

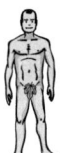

bărbat

男性

femeie

女性

fată

少女

băiat

少年

cap

頭

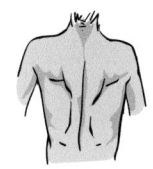

spate

背中

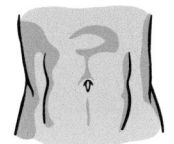

abdomen

腹

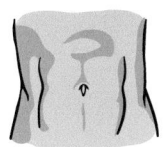

ombilic

へそ

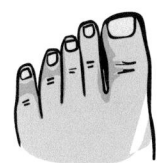

deget de la picior

足指

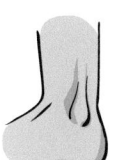

călcâi

かかと

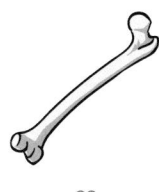

os

骨

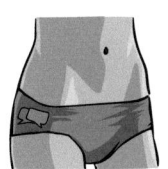

șold

腰

genunchi

ひざ

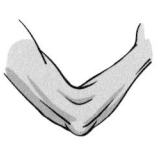

cot

ひじ

nas

鼻

fund

尻

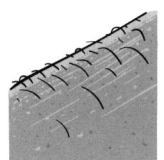

piele

皮膚

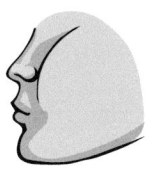

obraz

頬

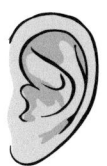

ureche

耳

buză

唇

gură

口

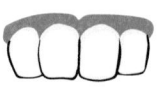

dinte

歯

limbă

舌

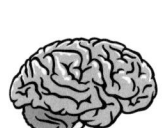

creier

脳

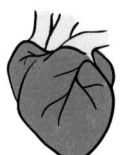

inimă

心臓

muşchi

筋肉

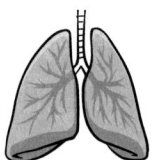

plămân

肺

ficat

肝臓

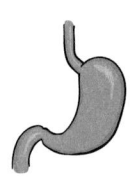

stomac

胃

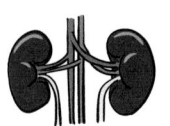

rinichi

腎臓

sex

セックス

prezervativ

コンドーム

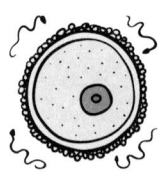

ovul

卵細胞

spermă

精液

sarcină

妊娠

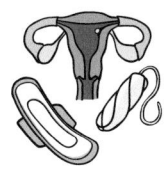

menstruație

月経

vagin

膣

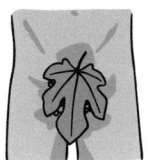

penis

ペニス

sprânceană

眉

păr

髪

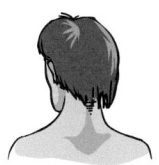

gât

首

spital
病院

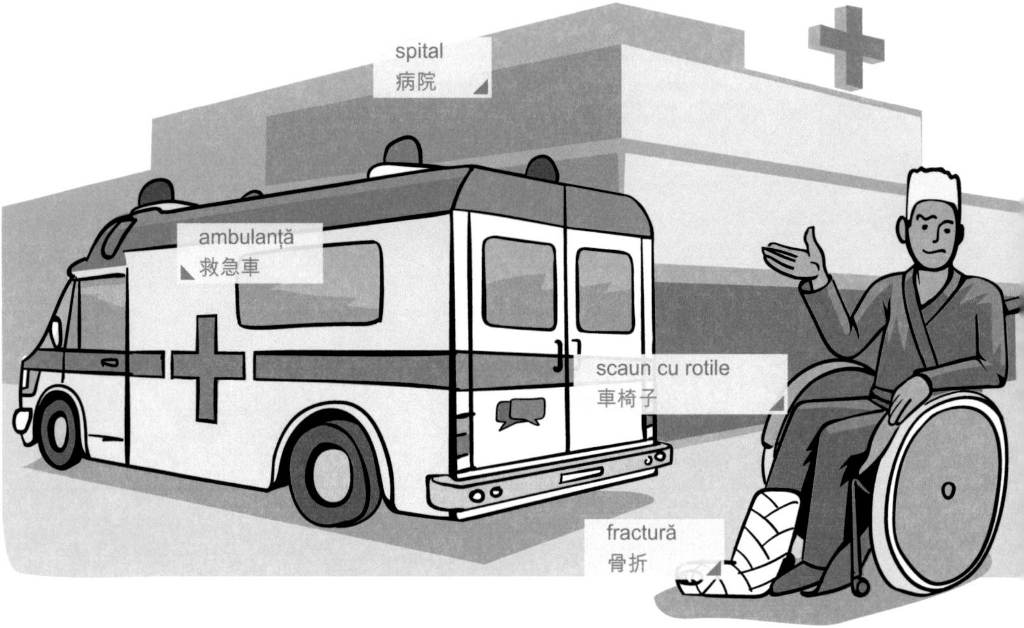

spital
病院
ambulanță
救急車
scaun cu rotile
車椅子
fractură
骨折

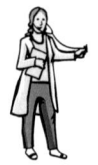

medic

医師

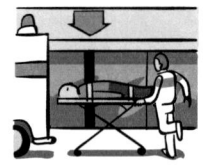

unitate de primiri urgențe

救急治療室

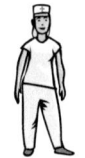

soră medicală

看護師

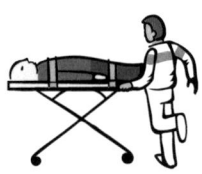

urgență

救急

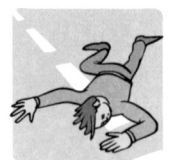

inconștient

失神

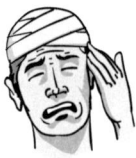

durere

痛み

leziune

けが

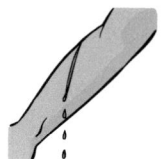

sângerare

出血

infarct miocardic

心臓発作

atac cerebral

脳卒中

alergie

アレルギー

tuse

咳

febră

熱

gripă

インフルエンザ

diaree

下痢

durere de cap

頭痛

cancer

癌

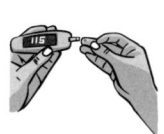

diabet

糖尿病

chirurg

外科医

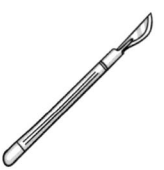

scalpel

外科用メス

operație

手術

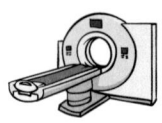

CT

CT

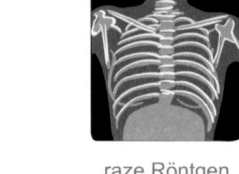

raze Röntgen

レントゲン

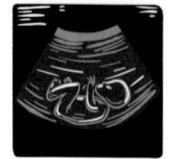

ultrasunet

超音波

mască

マスク

boală

病気

sală de așteptare

待合室

cârjă

松葉づえ

plasture

ばんそうこう

bandaj

包帯

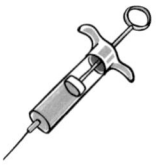

injecție

注射

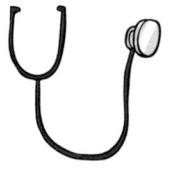

stetoscop

聴診器

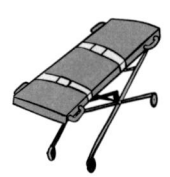

targă

担架

termometru

体温計

naștere

出産

supraponderabilitate

肥満

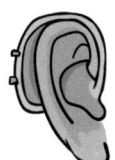

aparat auditiv

補聴器

dezinfectant

消毒剤

infecţie

感染

virus

ウイルス

HIV/SIDA

HIV / エイズ

medicină

内服薬

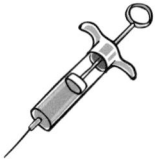

vaccin

予防接種

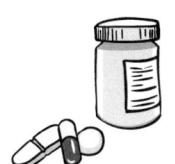

tablete

錠剤

pastilă

ピル

apel de urgenţă

緊急電話

aparat de măsurare a presiunii arteriale

血圧計

bolnav/sănătos

病気の　/　健康な

Ajutor!

助けて！

alarmă

アラーム

agresiune

暴行

atac

攻撃

pericol

危険

ieșire de urgență

非常口

Foc!

火事だ！

extinctor

消火器

accident

事故

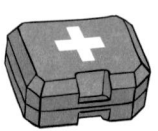

trusă de prim-ajutor

救急箱

SOS

SOS

poliție

警察

Europa

ヨーロッパ

America de Nord

北米

America de Sud

南米

Africa

アフリカ

Asia

アジア

Australia

オーストラリア

Altantic

大西洋

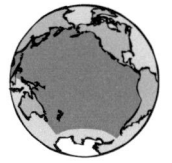

Pacific

太平洋

Oceanul Indian

インド洋

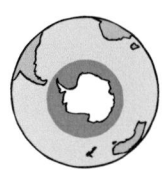

Oceanul Antarctic

南極海

Oceanul Arctic

北極海

Polul Nord

北極

Polul Sud

南極

Antarctica

南極大陸

pământ

地球

țară

陸

mare

海

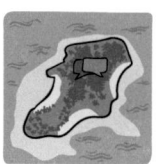

insulă

島

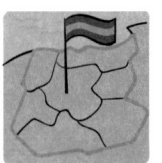

națiune

国家

stat

国家

cadran

文字盤

orar

短針

minutar

長針

secundar

秒針

Cât e ceasul?

何時ですか？

zi

日

timp

時間

acum

現在

cead digital

デジタル時計

minut

分

oră

時間

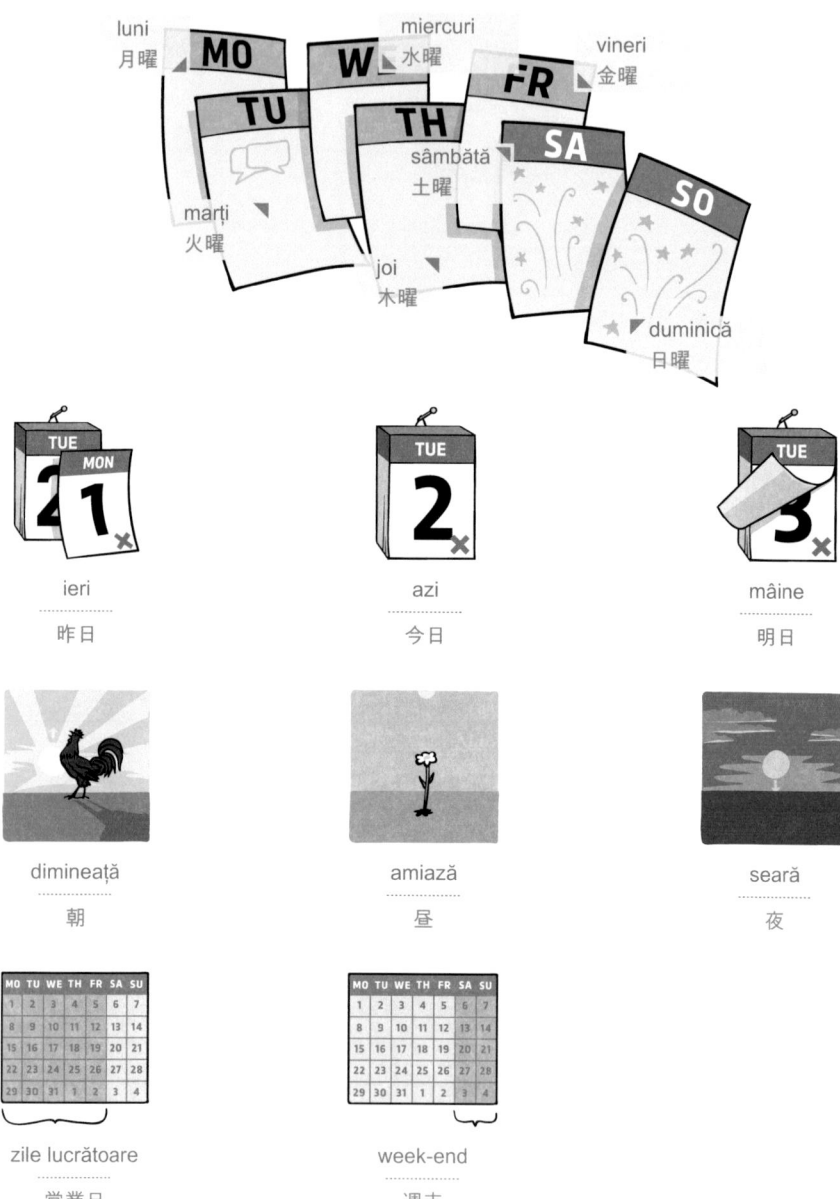

luni
月曜

miercuri
水曜

vineri
金曜

TU

marți
火曜

sâmbătă
土曜

joi
木曜

duminică
日曜

ieri

昨日

azi

今日

mâine

明日

dimineață

朝

amiază

昼

seară

夜

zile lucrătoare

営業日

week-end

週末

ploaie
雨

curcubeu
虹

vânt
風

zăpadă
雪

primăvară
春

vară
夏

toamnă
秋

iarnă
冬

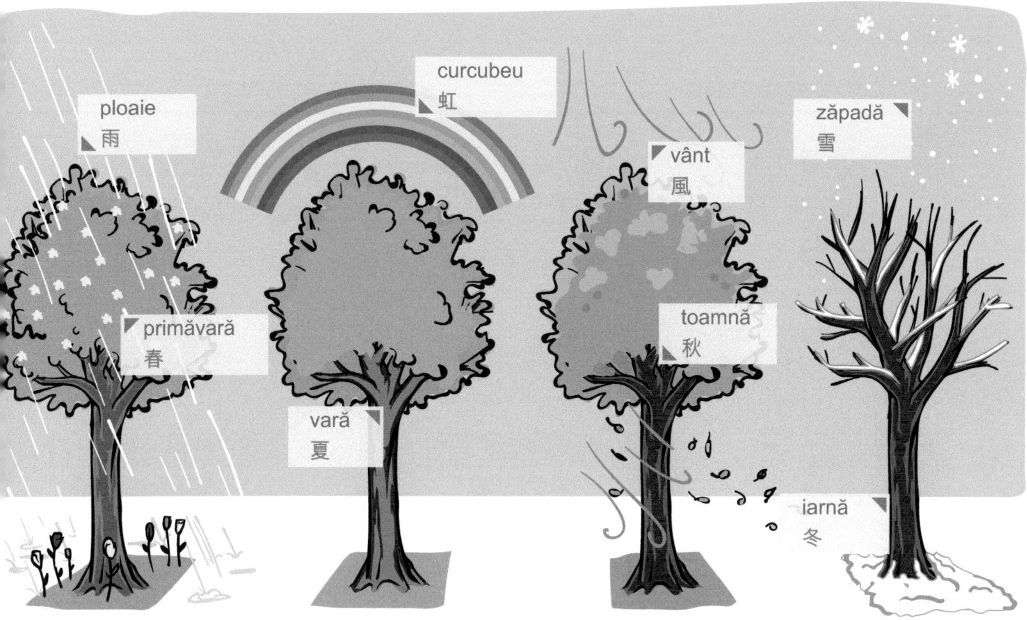

prognoză meteo

天気予報

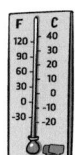

termometru

温度計

lumina soarelui

日差し

nor

雲

ceață

霧

umiditate a aerului

湿度

fulger

雷

tunet

雷

furtună

嵐

grindină

ひょう

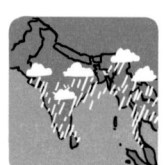

muson

季節風

inundaţie

洪水

gheaţă

氷

ianuarie

1月

februarie

2月

martie

3月

aprilie

4月

mai

5月

iunie

6月

iulie

7月

august

8月

septembrie

9月

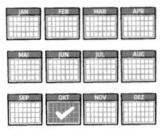

octombrie

10月

noiembrie

11月

decembrie

12月

forme

形

cerc

円

pătrat

正方形

dreptunghi

長方形

triunghi

三角

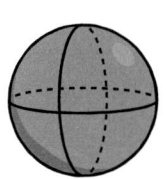

sferă

球

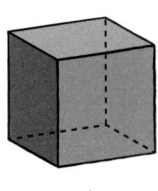

cub

立方体

alb

白

galben

黄

portocaliu

オレンジ

roz

ピンク

roșu

赤

violet

紫

albastru

青

verde

緑

maro

茶

gri

灰色

negru

黒

mult/puțin

多い / 少ない

furios/calm

怒っている /
落ち着いている

frumos/urât

美しい / 醜い

început/sfârșit

初め / 終わり

mare/mic

大きい / 小さい

luminos/întunecat

明るい / 暗い

frate/soră

兄弟 / 姉妹

curat/murdar

清潔な / 汚い

complet/incomplet

完全な / 不完全な

zi/noapte

日中 / 夜

mort/viu

死んだ / 生きている

lat/strâmt

幅広い / 狭い

comestibil/necomestibil

食べられる /
食べられない

rău/prietenos

悪意のある / 親切な

emoţionat/plictisit

興奮している /
退屈している

gras/slab

太った / 痩せた

primul/ultimul

最初に / 最後に

prieten/inamic

友人 / 敵

plin/gol

いっぱいの / 空の

tare/moale

硬い / 柔らかい

greu/uşor

重い / 軽い

foame/sete

空腹 / 喉の渇き

bolnav/sănătos

病気の / 健康な

ilegal/legal

違法な / 合法な

inteligent/stupid

賢い / 愚かな

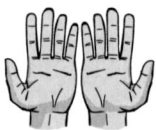

stânga/drepta

左に / 右に

aproape/departe

近い / 遠い

nou/uzat

新しい / 中古の

nimic/ceva

何もない / 何かある

bătrân/tânăr

老いた / 若い

pornit/oprit

オン / オフ

deschis/închis

開いている /
閉まっている

încet/tare

静かな / うるさい

bogat/sărac

裕福な / 貧乏な

corect/fals

正しい / 間違っている

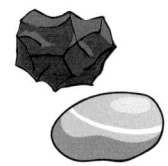

aspru/neted

粗い / なめらか

trist/fericit

悲しい / 幸せな

lung/scurt

短い / 長い

încet/repede

ゆっくり / 速い

ud/uscat

濡れた / 乾いた

cald/rece

温かい / 冷たい

război/pace

戦争 / 平和

0

zero

ゼロ

1

unu

1

2

doi

2

3

trei

3

4

patru

4

5

cinci

5

6

șase

6

7

șapte

7

8

opt

8

9

nouă

9

10

zece

10

11

unsprezece

11

12

douăsprezece

12

13

treisprezece

13

14

paisprezece

14

15

cincisprezece

15

16

șaisprezece

16

17

șaptesprezece

17

18

optsprezece

18

19

nouăsprezece

19

20

douăzeci

20

100

o sută

100

1.000

o mie

1000

1.000.000

un milion

100万

engleză

英語

engleză americană

アメリカ英語

chineza mandarină

中国標準語

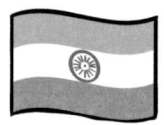

hindi

ヒンディー語

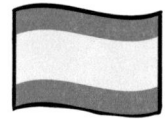

spaniolă

スペイン語

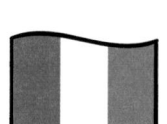

franceză

フランス語

arabă

アラビア語

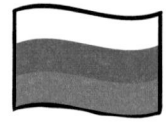

rusă

ロシア語

protugheză

ポルトガル語

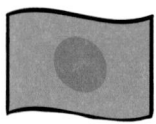

bengaleză

ベンガル語

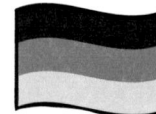

germană

ドイツ語

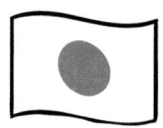

japoneză

日本語

eu

私

tu

あなた

el/ea

彼 / 彼女 / それ

noi

私たち

voi

あなたたち

ea

彼ら

cine?

誰？

ce?

何？

cum?

どうやって？

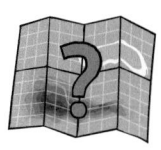

unde?

どこ？

când?

いつ？

nume

名前

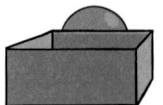

în spate

後ろ

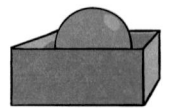

în

中

înainte

前

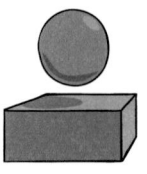

peste

上

pe

上

sub

下

lângă

横

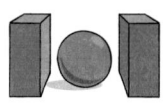

între

間

loc

場所